Hacer más rosquillas

Anne Montgomery

Smithsonian

¡Nos encantan las rosquillas! ¡Son deliciosas!

Las rosquillas nos han encantado desde hace mucho tiempo.

Antes, las rosquillas se hacían en casa.

Después, los pasteleros empezaron a hacerlas. ¡Todos querían rosquillas!

Los pasteleros hicieron más rosquillas. Usaron máquinas para hacerlas.

¡La gente quería más! Se inventaron máquinas nuevas.

Se crearon tiendas solo para rosquillas.

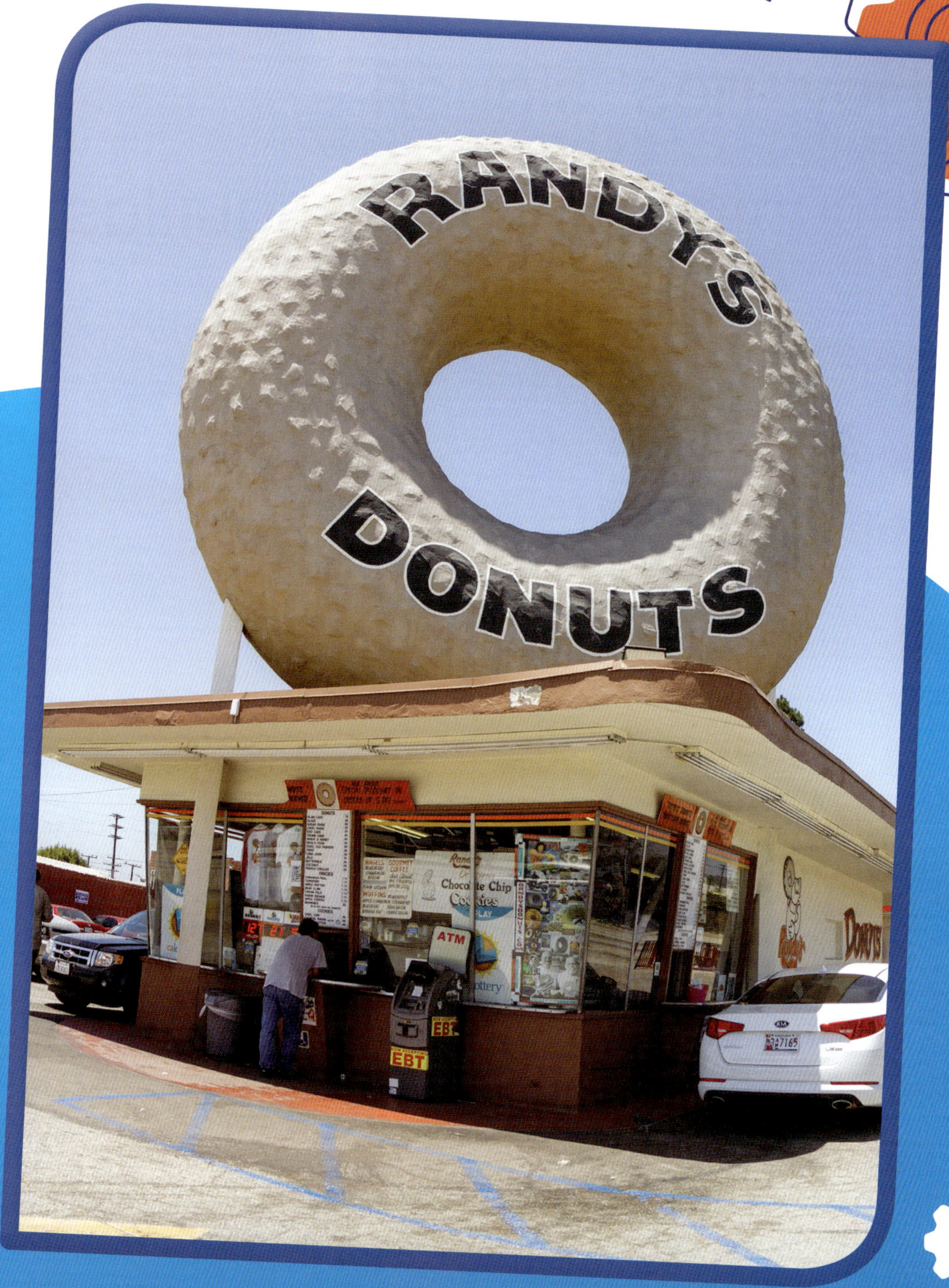
RANDY'S
DONUTS
ATM
EBT

¡Hoy nos siguen encantando las rosquillas!

DESAFÍO DE CTIAM

El problema

Los pasteleros de tu ciudad quieren darles una nueva forma a sus rosquillas. Necesitan tu ayuda.

Los objetivos

- Tu rosquilla debe tener una forma y un tamaño que permitan comerla.
- Debe estar hecha con plastilina.
- Debe ser fácil de sostener.

1 Investiga y piensa ideas

Aprende sobre las rosquillas.

2 Diseña y construye

Dibuja tu plan. ¡Crea la forma de tu rosquilla!

3 Prueba y mejora

Toma la rosquilla con las manos. Luego, trata de mejorarla.

4 Reflexiona y comparte

¿Qué aprendiste?

Asesoras

Amy Zoque
Coordinadora y asesora didáctica de CTIM
Escuela Vineyard de CTIM
Distrito Ontario Montclair

Siobhan Simmons
Escuela primaria Marblehead
Distrito Escolar Unificado Capistrano

Créditos de publicación

Rachelle Cracchiolo, M.S.Ed., *Editora comercial*
Conni Medina, M.A.Ed., *Redactora jefa*
Diana Kenney, M.A.Ed., NBCT, *Realizadora de la serie*
Emily R. Smith, M.A.Ed., *Directora de contenido*
Véronique Bos, *Directora creativa*
Robin Erickson, *Directora de arte*
Stephanie Bernard, *Editora asociada*
Caroline Gasca, M.S.Ed., *Editora superior*
Mindy Duits, *Diseñadora de la serie*
Kevin Panter, *Diseñador gráfico superior*
Walter Mladina, *Investigador de fotografía*
Smithsonian Science Education Center

Créditos de imágenes: pág.5 Keystone Film Company/Wikipedia; pág.7 Dick Whittington Studio/Corbis a través de Getty Images; pág.9 Library of Congress [LC-A6199- 8541]; pág.11 National Museum of American History; pág.13 Jeffrey Greenberg/UIG a través de Getty Images; pág.15 L. Pettet/iStock; todas las demás imágenes cortesía de iStock y/o Shutterstock.

Library of Congress Cataloging-in-Publication Data

Names: Montgomery, Anne (Anne Diana), author. | Smithsonian Institution.
Title: Hacer más rosquillas / Anne Montgomery.
Other titles: Making more doughnuts. Spanish
Description: Huntington Beach, CA : Teacher Created Materials, 2020. | Audience: Age 5. | Audience: K to grade 3.
Identifiers: LCCN 2019041237 (print) | LCCN 2019041238 (ebook) | ISBN 9780743925488 (paperback) | ISBN 9780743925631 (ebook)
Subjects: LCSH: Doughnuts--Juvenile literature.
Classification: LCC TX770.D67 M6618 2019 (print) | LCC TX770.D67 (ebook) | DDC 641.86/53--dc23

Teacher Created Materials

5301 Oceanus Drive
Huntington Beach, CA 92649-1030
www.tcmpub.com

ISBN 978-0-7439-2548-8

Printed in Malaysia
Thumbprints.25940

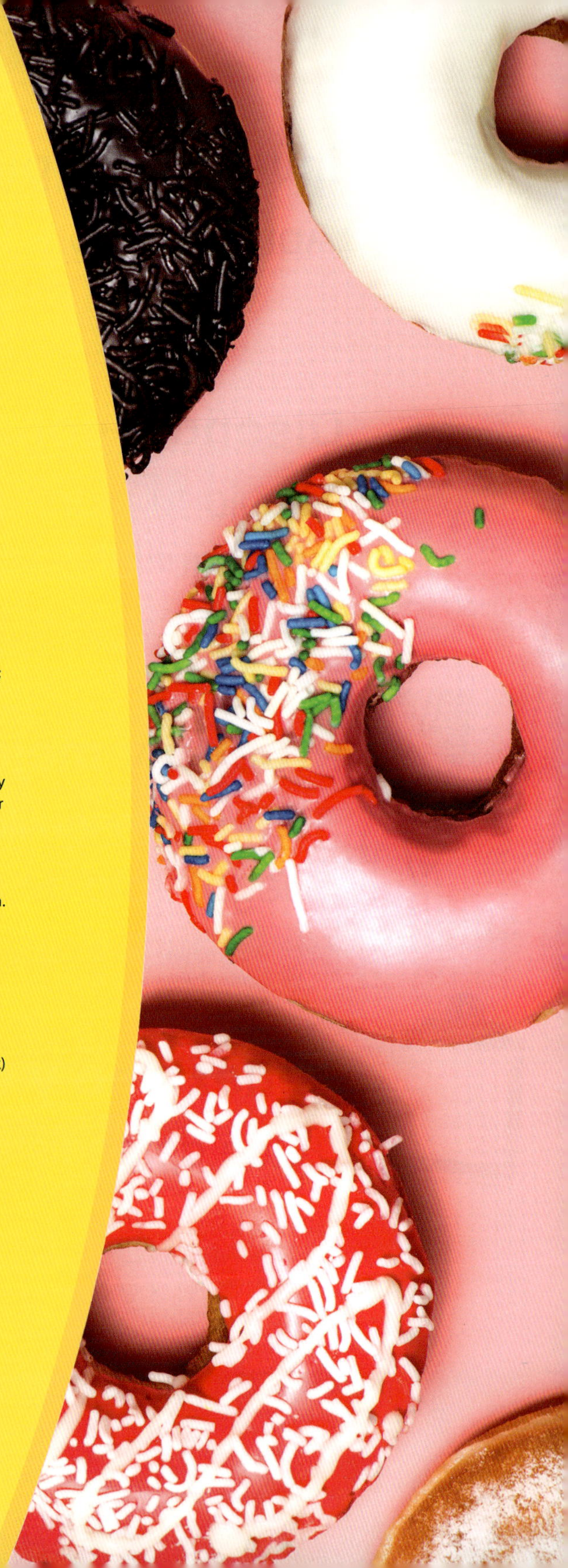